Hans-Joachim Lenz

DIE HEILIGE STADT

Eine Vision
am Beispiel der Stadt Mainz

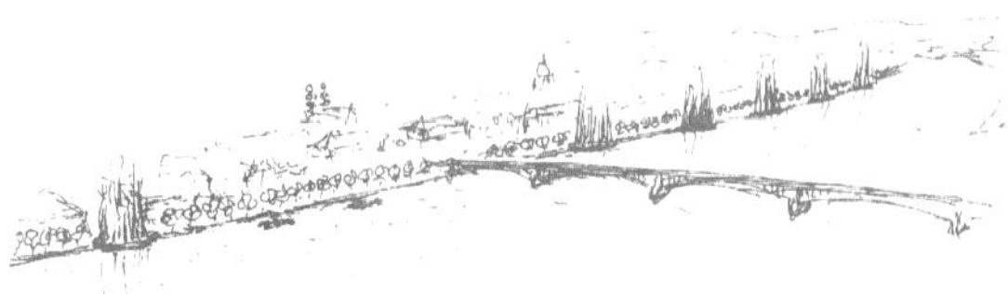

Die Stiftung hat die Absicht, Ergebnisse von Forschungen und Untersuchungen, Aufzeichnungen und Texte, die von der Stiftung gefördert werden, in einer Schriftenreihe zu publizieren, die gleichzeitig das Erscheinungsbild der Stiftung in der Öffentlichkeit prägt. Ganz im Sinne der Stiftungszwecke wird die Reihe unter dem Titel „Edition Erneuerung geistiger Werte" erscheinen. Das Kuratorium hat beschlossen, die Schriftenreihe mit dem jüngsten Werk des Stifters zu beginnen.

Mit diesem Bekenntnis zu neuen Werten ist das Essay „Die Heilige Stadt" Zeugnis der Gesinnung des Stifters und gleichzeitig Vermächtnis für die künftige Arbeit der Stiftung.

Am Anfang ist immer Vision, Schau des Neuen im Geiste. Am Anfang ist immer Gott, das schöpfende Prinzip. Am Anfang steht die Vision einer neuen Religiosität. Gott aus Gefängnissen zu befreien, mitten ins Leben zu stellen und den Menschen Begegnung zu ermöglichen, soll Sinn und Ziel der Stiftung und der gesamten Edition sein.

Das Kuratorium der
Dr.-Ing.-Hans-Joachim-Lenz-Stiftung, Mainz

ISBN 3-938088-00-1

2. Auflage August 2004

Grafische Gestaltung: Hans Jürgen Wiehr, Mainz
Printed in Germany

Herstellung: Books on Demand GmbH, Norderstedt

Inhalt

Vorwort 9

Gottes Haus – heute? 11

Am Anfang war das Wort 15

Orte – und nicht Worte 19

Der Weg – Gottes Ort 21

Der Raum – die bergende Liebe 27

Das Erscheinen der Orte 31

Das Ritual 39

Heilsorte – ein öffentliches Anliegen 43

Und wer finanziert? 47

Die heilige Stadt 49

Vorwort

Schon einmal schaute ein großer Seher - sein Name ist auch Hans (Johannes) – auf der einsamen Insel Patmos eine heilige Stadt. So beschrieb er seine Vision (Offb 21,10ff):

„Da entrückte er mich in der Verzückung auf einen großen, hohen Berg und zeigte mir die heilige Stadt Jerusalem, wie sie von Gott her aus dem Himmel herabkam, erfüllt von der Herrlichkeit Gottes. Sie glänzte wie ein kostbarer Edelstein, wie ein kristallklarer Jaspis."

Johannes beschreibt diese geschaute Gottesstadt nicht nur mit architektonischer Genauigkeit und Brillanz, sondern nennt auch Eigenschaften, die für immer das Wesen solch einer Gottesstadt ausmachen.

Diese Stadt braucht keinen Tempel – keine Kirchen mehr. Denn Gott selbst ist ein Stadtbewohner, mitten unter den Menschen: „Einen Tempel sah ich nicht in der Stadt. Denn der Herr, ihr Gott, der Herrscher über die ganze Schöpfung, ist ihr Tempel".

Diese Stadt ist zudem so lichtvoll durch Gottes Anwesenheit, dass sie keine andere Lichtquelle, nicht einmal Sonne und Mond braucht: „Die Stadt braucht weder Sonne noch Mond, die ihr leuchten. Denn die Herrlichkeit Gottes erleuchtet sie."

Und es wird eine offene Stadt sein, in die alle, die Gott suchen, eintreten können. Daher werden „ihre Tore (...) den ganzen Tag nicht geschlossen."

Jede „heilige Stadt" ist letztlich eine Ausfaltung dieser heiligen Urstadt, Jerusalem, der Gottesstadt: auch Mainz, die Hans Joachim Lenz mit großer spiritueller Feinfühligkeit im vorliegenden Text entwirft.

Wien, den 14.10.03 Prof. Dr. Dr. Paul M. Zulehner

Das Wahrzeichen
der Gottesverehrung
verkümmert zu
einer unscheinbaren
Gestalt.

Gottes Haus - heute?

Unbehagen befällt den Architekten, der heutzutage im städtischen Umfeld eine Kirche planen soll. Durch Größe kann der Bedeutung eines solchen Bauwerkes, auch wenn dies subjektiven Einschätzungen unterliegt, kein Ausdruck verliehen werden. Jedes Behördengebäude stellt ein Gotteshaus weit in den Schatten. Auch durch die Höhe kann ein Kirchturm mit Bürogiganten nicht mehr konkurrieren. Das Wahrzeichen der Gottesverehrung verkümmert zu einer unscheinbaren Gestalt. Sollte es doch die irdischen Verrichtungen der Menschen überragen, in einer Mitte vereinen und als Symbol den Mittelpunkt des Lebens weithin verkünden! Hat man versucht, sich durch Form, Material oder Effekte vom weltlichen Bauen zu unterscheiden, entartet das zu Peinlichkeiten, die eher von individueller Kreativität als von „Zu-Ehren-Gottes“ zeugen.

Will sich
der Ort der
Gottesverehrung
einfügen in das
System der
Funktionsgehäuse?

Selbst die in den 50er und 60er Jahren geführten Liturgie-Diskussionen, um den Kirchbau von innen her zu erneuern, und die Bemühungen berühmter Baumeister wie Rudolf Schwarz, Otto Bartning u. a., haben nicht zu Ergebnissen geführt, die die o. g. Probleme lösen. Im ländlichen Bereich kann einem hierarchischen Ordnungssystem von geistig-religiösen, administrativen, produktiven und domestizierenden Werten noch Ausdruck verliehen werden. Im städtischen Bereich ist dies zur hoffnungslosen Unmöglichkeit erstarrt. Soll sich aber eine Gesellschaft, die sich ihrer religiösen und geistigen Werte durchaus bewußt ist - auch wenn sie diese nicht mehr zu leben weiß -, damit zufrieden geben, daß die Statthalter dieser Werte nicht mehr in der Lage sind, dem, was sie verkünden, bildhaften, allen sichtbaren Ausdruck zu verleihen?

Soll der Mensch in seinen religiösen und geistigen Bedürfnissen gezwungen sein, sich in stille Kämmerlein zurückzuziehen, an einsame Orte zu gehen, auf Berge oder Inseln? Ist der geistige Gehalt der Verkündungen zu schwach geworden, um gegen das Getriebe der modernen Welt anzukommen? Will sich der Ort der Gottesverehrung einfügen in das System der Funktionsgehäuse von Büros, Fabriken, Supermärkten, Administrationen, Diskos, Filmpalästen u.s.w.? Auch wenn er sich durch Bescheidenheit auszeichnen wollte, so bleibt doch: Mal ein bißchen „Gottes"-Dienst, sonntags von 10 h - 12 h, oder Shopping oder ... oder ... - Alternativen, alles zu seiner Zeit. Wie es gefällt.

Gottes Nähe bedarf
der Orte, die den
Weg markieren.

Am Anfang war das Wort

Die stärkste Macht in der Welt ist noch immer das Wort Gottes, für den, der es zu hören vermag. Es gibt keinen Platz für dieses Wort in irgendeiner Nische des menschlichen Lebens. Es wird gesprochen für alle Menschen und zu allen Zeiten und zu jeglicher Gelegenheit. Das gesamte Leben wird von diesem Wort hervorgerufen und bestimmt. Das gilt für den beruflichen und den privaten Bereich, für Arbeit wie für Vergnügen, für Tag und für Nacht, für Jung und für Alt, für Mann und Frau und Kind. Das Wort kann und darf sich nicht verstecken. Es hat an Macht nichts eingebüßt. Alle Zeichen einer Verwahrlosung der Gesellschaft tragen auch das Zeichen der Sehnsucht in sich, einer Sehnsucht nach der Macht des Wortes, welches das gesamte Leben durchdringt und der Spanne des Daseins auf der Erde Sinn verleiht.

Der Weg ist immer
Gottes Weg über
die Erde.

Worte sind nicht nur gesprochen. Worte finden Ausdruck in Bildern, in Klängen, in Symbolen, in Ritualen. Es fehlt nicht an „Worten", - aber an Orten. Die Orte stimmen nicht mehr. Sie sind zu Randerscheinungen eines säkularen Lebens geworden, dabei kann doch nur der ganze Weg durch das Erdenleben der Ort der Gottesbegegnung und Verwandlung sein und nicht ein ausgegrenzter Bezirk. Der Rückzugsgedanke religiösen Lebens hat Religion schlechthin aus dem Leben verbannt in Tempel und Klöster, und Eliten vorbehalten, deren Niveau ein normaler „Sterblicher" in der Mühsal des Alltags nie erreichen kann. Ein Umdenken scheint erforderlich.

Gottesbegegnung kann nur auf allen Wegen stattfinden, die wir durcheilen, und auf den Plätzen, wo sich Bewegung in Stille erweitert. Der Weg, gesäumt von den gewählten Verrichtungen irdischen Daseins, ist für uns heute die einzige Chance der Gotteserfahrung und Wandlung des „Blutes" in „Wein", des Irdischen in Geistiges - der Weg von der Wiege bis zum Grab, von der „Krippe" bis „Golgatha", von der Herabkunft bis zur Auferstehung.

Orte entstehen
durch Begegnungen,
durch Wechsel
von Bewegung
und Anhalt,
durch Verdichten
und Kreuzen
der Ströme,
durch Ausdehnung
in Räume,
in der Freiheit
der Absichtslosigkeit
einer unbestimmten
Suche.

Orte - und nicht Worte

Der Mensch braucht eine neue Qualität der Religiosität. Der Wiener Theologe Paul M. Zulehner schreibt: *„Für Suchende braucht es einerseits Kurzzeitbegegnungen in großer Freiheit, es braucht andererseits Lebensorte mit einer beträchtlichen Verbindlichkeit - also Orte und nicht nur Worte."** Nicht die Absonderung der Gläubigen, sondern die Begegnung mit Menschen jeder Art - flüchtig oder vertieft, mit Menschen des gleichen Weges (letztlich begehen alle den gleichen Weg), in der Freiheit ihrer Wahl - trägt in sich die Chance des Findens. Der Strom der Bewegten kann sich verdichten zur, wenn auch kurzzeitigen, Begegnung Suchender in Stille und Rast. Menschen verknüpfen sich zu Orten und schaffen mystische Verbindungen. Nicht Gläubige finden sich zum Gebet oder Andacht, sondern Suchende, was sie auch immer suchen mögen, haben die Chance einer Erfahrung, die aus dem ewigen Wechselspiel von Beliebigkeit und Verbindlichkeit, von Bewegung und Stille entsteht, - einer Erfahrung, wenn auch unbewußt, der inneren Wandlung.

** Zulehner/Brandner, „Meine Seele dürstet nach dir", Schwabenverlag 2002*

Abgeschiedene
Gotteshäuser
werden der
freiheitlichen
Suche der
Menschen
nicht gerecht.

Der Weg - Gottes Ort

Kirche als Ort der Begegnung mit Gott kann nicht mehr als Gebäude unter vielen anderen verstanden werden (Abb. 1).
Der Freiraum zwischen den Orten, die irdische Verrichtungen darstellen, wird zur Stätte der Gottesbegegnung.

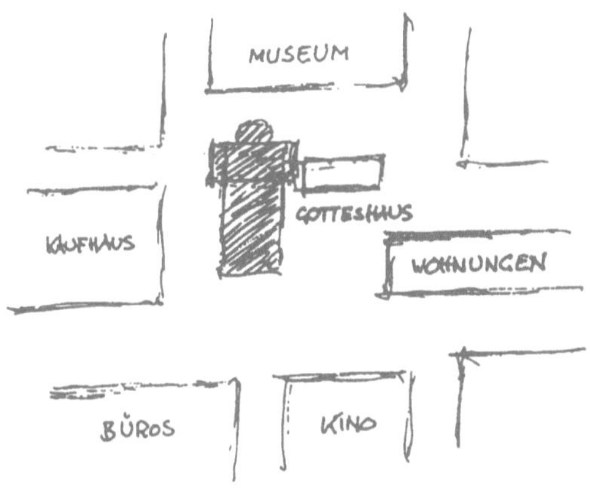

Abbildung 1

Der freie Raum
gehört der
Sehnsucht der
Menschen.

Der freie Raum ist
Gottes Gegenwart
und bergende Liebe.

Wie einst die Kirchen und Dome das alles überragende und umschliessende Symbol der Gottesherrschaft waren, so kann es heute nur noch der freie Raum der Straßen und Plätze sein, der alles Materielle umschließt (Abb. 2).

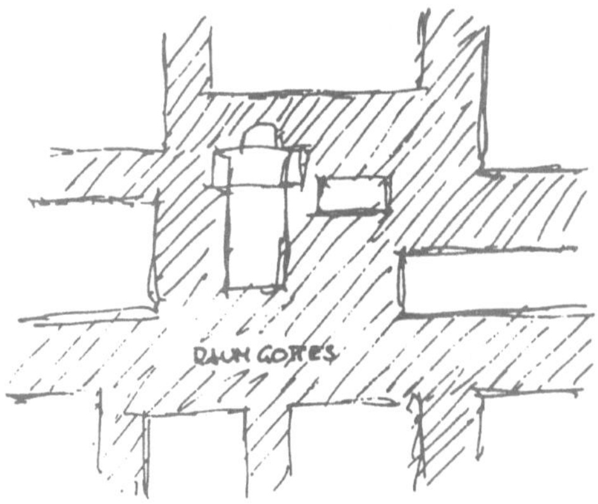

Abbildung 2

Raum symbolisiert die Anwesenheit des Göttlichen in der irdischen Welt, - Raum, in dem sich der Mensch in Freiheit bewegt und Begegnung, Erfahrung und Wandlung ermöglicht.

Orte werden zur „Veröffentlichung" göttlichen Wirkens. Das mystische Geschehen macht sie zu einem Gottesort.

„Kirche ist kein ausschließlicher, aber ein zentraler Heilsort“, sagt Zulehner.* „Kirche“ schließt nicht aus, weder als Ort noch als Institution. Kirche ist Heilsort, und nur Heilsorte sind „Kirchen“, gleich wie sie erscheinen. Sie bedürfen keiner Zentralität, sie sind immer Zentrum, da wo sie sind.

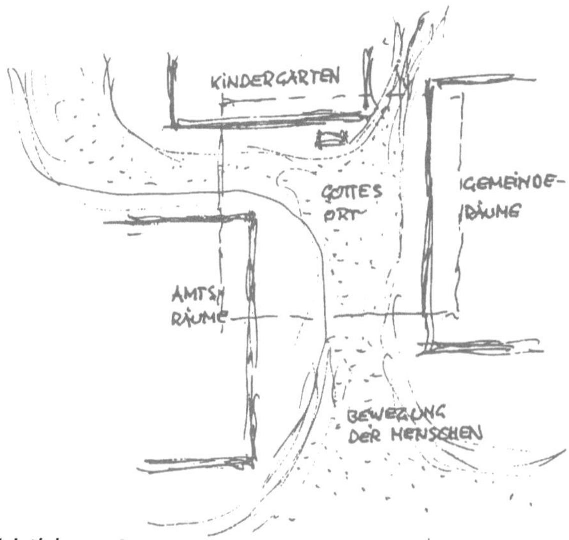

Abbildung 3
Evangelische Auferstehungskirche, Mainz
Architekt: Dr. Ing. H. J. Lenz

„Kirche“, sagt Zulehner, *„wird zu einem solchen (Heilsort) aus dem Handeln Gottes. Umgekehrt wird das, was sie ist, lebt und tut, zur Veröffentlichung Gottes. Kirche ist somit beides: Ort und Wort. Sie stützt sich in ihrem Tun nicht nur auf Worte, sondern auf Orte.“** Das verborgene, mystische Geschehen, das Handeln Gottes, macht Orte zu Heilsorten, zu „Kirchen“ im eigentlichen Sinne. Somit werden Orte zur Erscheinung Gottes in der irdischen Welt. Gottes „Veröffentlichung“ geschieht nicht in ausschließenden und abgeschlossenen Bauwerken. Sie geschieht im alles umfassenden Raum, in der Freiheit der Bewegung und Begegnung. Verdichtungen der Wege werden zu Orten der Wandlung und zur Verkündung von Gottes Wort (Abb. 3).

** Zulehner/Brandner, „Meine Seele dürstet nach dir“, Schwabenverlag 2002*

Gottes Orte
sind Stationen
auf dem Weg
durch das Leben.

Der Raum - die bergende Liebe

Gottes Ort ist überall da, wo sich die Ströme der Menschen bündeln und kreuzen auf Wegen und Plätzen des allumschließenden Raumes, der nicht nur Luft und Freiheit, auch lebenserhaltende und Leben umhüllende Liebe symbolisiert.

Hier noch einmal zusammengefaßt die Grundgedanken dieser neuen Sichtweise:

- In allen Menschen ist in unterschiedlichem Maße die Sehnsucht nach Gotteserfahrung vorhanden.

- Abgeschiedene Gotteshäuser werden größten Teils der freiheitlichen Suche der Menschen nicht gerecht.

- Der übergreifenden Bedeutung von Gottes Orten kann auf materielle Weise kein bewegender Ausdruck verliehen werden.

- Der gesamte Lebensweg ist die Chance der Gotteserfahrung und Wandlung und nicht „religiöse" Aktivität in abgegrenzten Bezirken.

- Gottes Nähe ist nicht nur im gesprochenen Wort. Gottes Nähe bedarf der Orte, die den Weg markieren, der Wegemarken.

- Orte entstehen durch Begegnungen, durch Wechsel von Bewegung und Anhalt, durch Verdichten und Kreuzen der Ströme, durch Ausdehnung in Räume, in der Freiheit der Absichtslosigkeit einer unbestimmten Suche.

- Orte sind Verdichtungen des freien Raumes. Der freie Raum gehört der Sehnsucht der Menschen.

- Orte entstehen durch Wandlung, durch „ein bißchen heiler werden." Das Versammeln im Namen einer namenlosen Suche ruft Gottes Wirken hervor.

- Orte werden zur „Veröffentlichung" göttlichen Wirkens. Das mystische Geschehen macht sie zu einem Gottesort.

- Gottes Orte sind Orte der Verkündung. Das Wort wird auf vielfache Weise gesprochen.

- Gottes Orte sind Stationen auf dem Weg durch das Leben. Der Weg ist immer Gottes Weg über die Erde.

- Der freie Raum ist Gottes Gegenwart und bergende Liebe.

Der gesamte
Lebensweg ist
die Chance der
Gotteserfahrung und
Wandlung
und nicht
„religiöse“ Aktivität
in abgegrenzten
Bezirken.

Das Erscheinen der Orte

Solche Orte entstehen zunächst im rein geistigen Bereich. Das Bewußtsein der Menschen und deren Gedanken betonen Orte auf dem Weg. Zentrierungen entstehen im Geist und finden in der Folge Ausdruck in materieller Erscheinung. Waren das einst Brunnen, Denkmale, Statuen u.a., so heute vielleicht Steinplatten, Lichtkegel, Klangquellen oder ähnliches.
Die Markierung der Orte erfolgt durch subtile Mittel, durch Andeutung, durch Leuchtendes, Fließendes, Wehendes, Klingendes und Schwingendes in Rhythmen des Lebendigen und erst nachrangig durch Materialien. So können schon Absenkungen zu einer Mitte hin Raum im Raum definieren. Auch Einlassungen in der Bodenfläche markieren Begrenzungen, ohne den fließenden Raum zu unterbrechen. Erhabene Vorrichtungen an Eckpunkten sind Zeichen für die Grenzen eines Raumes, wie z. B. Stelen, Skulpturen, Maste, Rohre aus Stahl oder sogar Glas (Abb. 4), unterstützt durch Klänge oder Licht. Klingende Rohre fügen sich zum Glockenspiel, und sanft leuchtende ermahnen den Eintretenden.

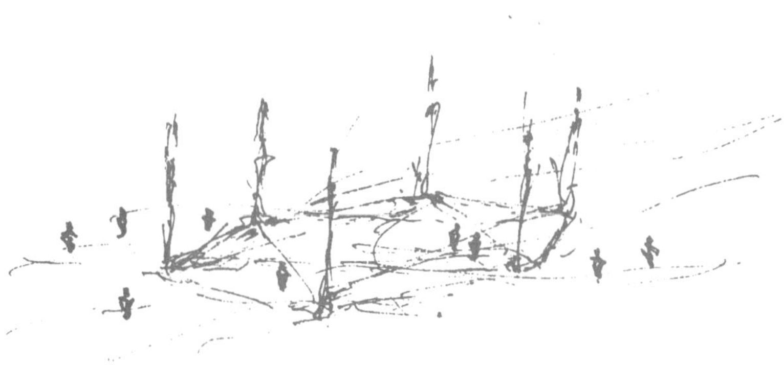

Abbildung 4

Abbildung 5

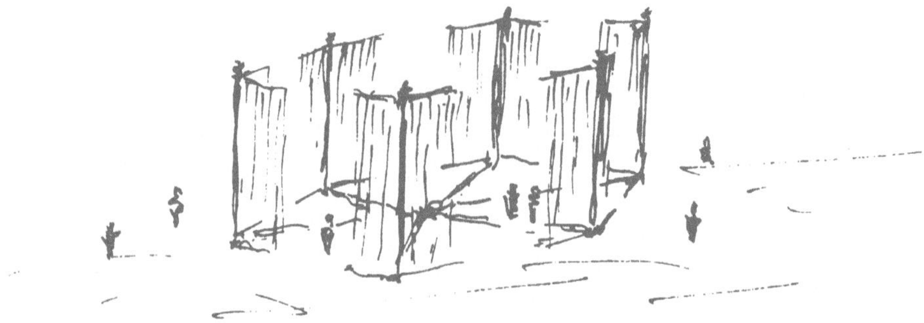

Aber auch Bepflanzungen können den Ort begrenzen und eine Oase der Stille schaffen. Fließendes Wasser in Bodenrinnen, Vorhänge aus tropfendem Wasser (Abb. 5) oder aufsteigender Dampf wie aus Thermalquellen können das Element Wasser in die Erfahrung der Dahineilenden und Suchenden integrieren.

Aus dem Boden aufsteigende Lichtstrahlen werden im Dampf auch am Tage sichtbar (Abb. 6) und bilden immaterielle Wände, die jederzeit durchschritten werden können und die geistige Qualität eines heilenden Ortes unterstreichen.

Abbildung 6

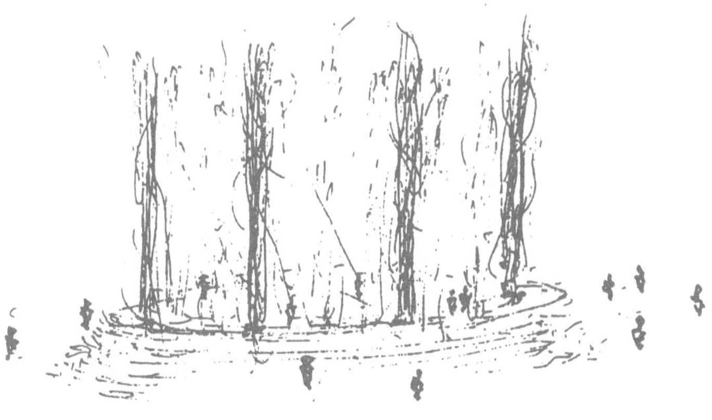

Orte sind
Verdichtungen
des freien
Raumes.

Aber auch andere vorhang-
artige Markierungen sind denkbar, aus Glasperlen oder -kugeln (Abb. 7), aus im Wind klingenden Röhren, aus Licht und Klängen und sogar aus fühlbaren Energiefrequenzen.
Raum läßt sich auch von oben her definieren, durch leichte Konstruktionen unter Verwendung von Seilen und Tauen, durch zeltartige Überdachungen, kombiniert mit Licht, oder durch herab-
sinkende Elemente, abstrah-
lendes Licht oder gebündelte Beschallung.

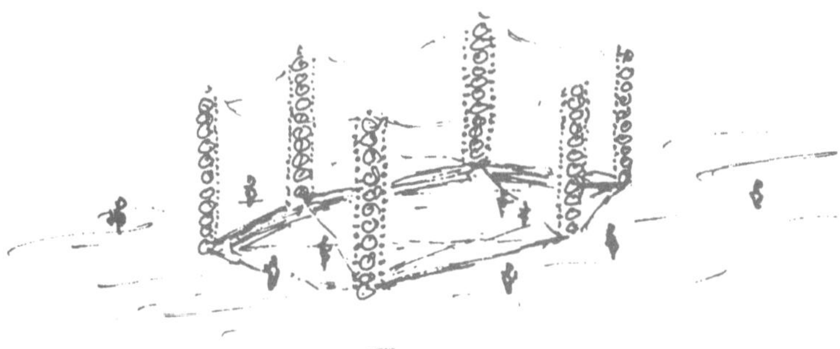

Abbildung 7

Gott
verläßt
seine
Gefängnisse.

Raumgrenzen können insbesondere auf der Basis eines Kreises bestimmt werden. Vom Symbolgehalt her eignen sich auch Sechs- oder Achtecke. Die Zahl Zwölf wird in Betracht zu ziehen sein. Auch sternförmige Begrenzungen, die auf vorgenannten Zahlen aufbauen, sind geeignet. Zur Begrenzung sollten immaterielle Mittel den Vorrang haben, aber auch leichte und preiswerte Materialien sind geeignet. Andeutungen sind besser als Verfestigungen, keine harte Ausgrenzung, eher sanfte Verdichtung des fließenden Raumes, keine Aussperrung, eher Einladung zu einer herausgehobenen Erfahrung.

Vielleicht können künftige Technologien Phänomene im Raum erzeugen, die den Ort aus dem Strom des fließenden Lebens herausheben, mögen dies Klangkuppeln sein, Lichtgebilde und Farbspiele, die wie die Schöpfungsbilder und Orgelspiele der einstigen Kirchen sind und Rituale inmitten des lebendigen Stromes zulassen. Das „Wort" kann multimedialer Ausdruck einer Religiosität sein, die eine Gotteserfahrung nicht mehr nur in abgeschlossenen Gebäuden, sondern auf den Wegen und Plätzen des freien Raumes sucht. Gott verläßt seine Gefängnisse, „veröffentlicht" seine Anwesenheit in der Welt, verkündet das schöpfende Wort an heiligen Orten, auf Schritt und Tritt des irdischen Weges.

Gottes Orte
sind Orte der
Verkündung.
Das Wort
wird auf
vielfache Weise
gesprochen.

Das Ritual

Diese Art „Wortverkündungen“ durch Entstehung von „Orten“ können unbewußt bleiben.
Die Begegnung von Menschen - rein zufällig, für Minuten nur, an Orten der Rast - wird zum verbindenden Ritual einer gemeinsamen Minute auf der Suche.
Dieses Innehalten auf den Wegen mag zur Gewohnheit werden, zum Bedürfnis, zu einer ordnungsgebenden Struktur des Fließenden. Zäsuren des Alltags werden zu Ritualen, Rituale werden zu Zäsuren des Alltags.
Orte werden zu Ordnung, Ordnung begründet Rituale.
Warum sollte sich nicht ein Priester finden, der spontan in der Mitte eines Ortes ein Gebet spricht, einen Dank, eine Bitte für die augenblicklich Anwesenden? Oder irgendein Mensch auf dem Weg, der zu einer bestimmten Tageszeit - Arbeitsbeginn, Mittagspause oder Feierabend - für die Weggefährten ein Wort gen Himmel richtet? Könnte nicht ein Stundengebet dem fließenden Alltag Struktur verleihen, wie einst die Glocken der Türme? Mag es ein einzelner Priester sein, oder sechs, oder auch zwölf, die zu bestimmten Zeiten des Tages, um die Mitte eines Ortes versammelt, ein kurzes Ritual vollziehen und Magnet sind für das ruhelose Dahinströmen der Menschen. Ein Musikant auf der Straße vermag es, ein paar Menschen um sich zu versammeln, die einige Minuten selbstvergessen dem Spiel lauschen. Auch könnten Priester die Wege der Menschen beschreiten, von Ort zu Ort, und einladen zum Innehalten, zur flüchtigen Begegnung, zum Mysterium des Heilwerdens und Wandels.

In allen Menschen ist die Sehnsucht nach Gotteserfahrung vorhanden.

Diese Orte auf Wegen und Plätzen sind öffentliche Orte, sie verbinden in Freiheit, sie überlassen die Wahl zu jeder Minute, für jeden Dahineilenden.

Es sind keine „christlichen" Orte.

Es sind Gottes Orte.

Christen mögen hier beten,

Juden vor Jahwe verstummen,

Moslems Allah preisen,

tibetische Mönche OM singen,

Mönche aus Taizé „Adoramus Te..." jubilieren,

Hindus „Hare Krishna" monotonieren,

ein jeder zu seiner Stunde.

Alle haben die Chance der Wandlung

und Heilung an Orten der Zentrierung

und Verdichtung göttlichen Wirkens - immer gerade jetzt,

in der spontanen Begegnung des Sicheinfindens.

Das Versammeln
im Namen einer
namenlosen Suche
ruft Gottes Wirken
hervor.

Heilsorte - ein öffentliches Anliegen

Straßen und Plätze sind „öffentlich". Sie gehören dem Gemeinwesen. Orte der Gotteserfahrung sind im öffentlichen Raum. Sie können und dürfen nicht Privatbesitz religiöser Organisationen sein. Sie würden ausschließenden Charakter erhalten. Zu den Aufgaben des Gemeinwesens gehören nicht nur die Infrastrukturen, die soziale Absicherung, die rein geistigen Gebiete der Bildung und Kultur. Noch gibt es für Suchtprävention nur therapeutische Maßnahmen. Eines Tages werden es Gemeinwesen übernehmen müssen, Suchtphänomenen mit „religiösen" Maßnahmen zu begegnen und geistige Bedürfnisse der Menschen durch Gestaltung der Umwelt zu befrieden.

Orte entstehen
durch Wandlung,
durch „ein bißchen
heiler werden."

Noch sind Stadt- und Verkehrsplaner mit der Gestaltung des fließenden und ruhenden Verkehrs beschäftigt, mit Fußgängerzonen, Überbauungsziffern und wirtschaftlichen Erträgen. Es ist nicht zeitgemäß, auf die psychische Situation der Menschen einzugehen, die durch die Räume eines Gemeinwesens fließen, vielleicht auch Unvermögen, wie man dem neurotischen Verhalten zwischen Streß, Krankheit, Kriminalität, Aggression, Angst und Sucht durch Gestaltung der Umwelt begegnen kann. Man wird aber erkennen, daß Heilung nicht in Kliniken und abgesonderten Bereichen geschieht, sondern mitten unter den Menschen verschiedenster Herkunft, kraft des Heilungspotentials, das im freien, öffentlichen Raum enthalten ist, kraft der Begegnung und der mystischen Wandlung.

Gemeinwesen werden die Heilung ihrer Mitglieder durch Schaffung heilender Orte übernehmen.
Sie werden zulassen, daß Glaubensgemeinschaften unterschiedlicher Herkunft an solchen Orten Rituale vollziehen. Mögen einzelne durchaus ihre Kirchen und Tempel zur Identifikation bewahren. Im öffentlichen Raum ist die gemeinsame Sehnsucht und das Sichfinden, Sichbegegnen, das Wandeln und Verwandeln, die Erfahrung der Herkunft und des Anfangs das dominierende und verbindende Element. Und dann mag auch Friede sein unter den Menschen, die des Anfangs sind.

Der freie Raum
vereint die
Menschen in
einer neuen
Gotteserfahrung.

Und wer finanziert?

Sollte man fragen, wer solche Installationen bei den leeren Gemeindekassen finanziert, dem könnte man entgegenhalten, daß im kirchlichen Bereich enorme Spendenströme fließen, des Gewissens und des ewigen Lebens wegen. In allen Zeiten wurden Altäre, Orgeln, Bildwerke, Chorgestühle, ja ganze Dome von Menschen gestiftet, die damit auch ihren Namen verewigt haben. Sponsoren finanzieren heute die lächerlichsten Fernsehsendungen, wie man leicht dem Vor- oder Nachspann entnehmen kann. Sollte es nicht möglich sein, die Installation eines heilenden Bezirks für die Mitglieder eines Gemeinwesens über Spenden finanzieren zu lassen? Ist es nicht denkbar, daß sogar Glaubensgemeinschaften die Wege der Suchenden mit Gottesorten „pflastern", um Gotteserfahrung und Begegnung in Freiheit zu ermöglichen? Die Mittel zur Errichtung eines traditionellen Gotteshauses oder Tempels würden ausreichen, um Dutzende von Heilsorten zu definieren.

Der freie Raum, der Gottes allumfassende Liebe ist, - der freie Raum, der der Gemeinschaft aller Menschen gehört, der freie Raum allein dominiert alle irdischen Verrichtungen der Menschen. Der freie Raum wird die Menschen vereinen in einer ganz neuen Gotteserfahrung. Im freien Raum wird sich Gott „veröffentlichen", da wo sich zwei oder drei in ihrer Suche finden.

Seht, die Wohnung Gottes unter
den Menschen! Er wird in ihrer
Mitte wohnen, und sie werden sein
Volk sein; und er, Gott, wird bei
ihnen sein. Er wird alle Tränen von
ihren Augen abwischen: Der Tod
wird nicht mehr sein, keine Trauer,
keine Klage, keine Mühsal. Denn
was früher war, ist vergangen.

Offb. 21, 3/4

Die heilige Stadt

So kann es geschehen, daß die Einrichtung heilender Orte für ein Gemeinwesen wichtiger wird als die von Park- oder Festplätzen oder gärtnerischen Anlagen. Orte, an denen Gottes Handeln offenbar wird, werden begehrter sein als Kliniken, Therapie- und Rehabilitationszentren. Die Gemeinschaft selbst wird Umwelt verlangen, die Angst, Aggression und Kriminalität heilend beeinflußt. So könnten Städte bald mit einem Netz heiliger Orte überzogen sein, die zu einem Instrument von Gottes Anwesenheit in der Welt werden. Am Beispiel der Stadt Mainz sollen nur zwei von zahlreichen denkbaren Verknüpfungen dargestellt werden.

Der Thron Gottes wird in der Stadt stehen, und seine Knechte werden ihm dienen. Sie werden sein Angesicht schauen, und sein Name ist auf ihre Stirn geschrieben.
Es wird keine Nacht mehr geben, und sie brauchen weder das Licht einer Lampe noch das Licht der Sonne. denn der Herr, ihr Gott, wird über ihnen leuchten, und sie werden herrschen in alle Ewigkeit.

Offb. 22, 3 ff

Der Hauptbahnhof ist ein zentrales Eingangstor für Touristen, für Käufer aus einem weiten Hinterland und für viele Berufstätige in Geschäften und Büros der Innenstadt. Von hier aus bewegt sich ein permanenter Menschenstrom, gesäumt von Geschäften, Kaufhäusern, Büros und Sehenswürdigkeiten bis hin zu den Marktplätzen und zum Dom und auch wieder zurück zum Hauptbahnhof. Auf der ganzen Strecke wechseln sich Wege und Plätze ab, Wege erweitern sich immer wieder zu Plätzen, die zum Verweilen einladen. So können Orte entstehen auf dem Bahnhofsplatz, Münsterplatz, Schillerplatz, Gutenbergplatz bis hin zum Marktplatz und sich wie Perlen einer Kette aneinanderreihen. Am Ende der Kette, zu Füßen des Domes und diesen umringend, sind Orte zusätzlich denkbar auf dem Liebfrauenplatz und dem Leichhof, gleichsamAuslagerungen des Wortes aus der Glaubensbewahrung an die Öffentlichkeit einer suchenden Menschheit - Verkündung des Wortes auf den Märkten und Plätzen.

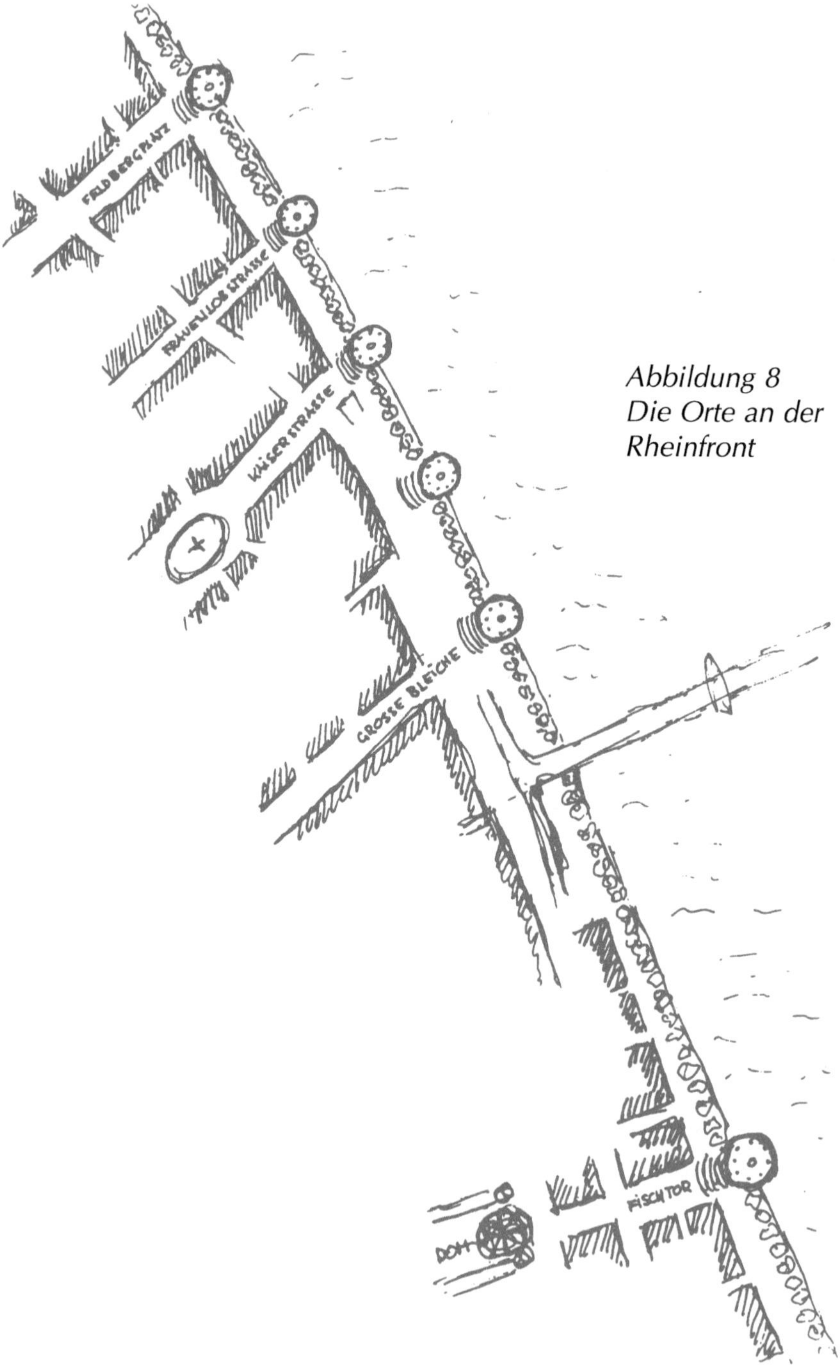

Abbildung 8
Die Orte an der Rheinfront

Als weiteres Beispiel kann die eindrucksvolle Lage der Stadt Mainz am Strom benutzt werden, um eine mögliche Installation von heiligen Orten darzustellen. Die Stadt wird von Hauptachsen durchzogen, die alle rechtwinklig zum Rhein führen, Feldbergstraße und -platz, Frauenlobstraße, Kaiserstraße, Große Bleiche und Fischtorstraße und -platz. Die Ankunft der Straßen am Strom findet jedoch keinen Ausdruck, im Gegenteil, historische Tore trennen die gesamte Rheinfront von der Stadt und schaffen ein eigenständiges Gebilde einer endlos langen Baum bestandenen Promenade. Die Stadt am Strom ist eine Stadt hinter den Toren. Dagegen wären die Endpunkte der Straßenachsen, wo sie auf den Strom treffen, heilende Orte der Besinnung, Endstationen auf dem Weg. Nicht nur findet hier eine Vermählung der Stadt mit dem Strom statt, es entstehen Orte besonderer Qualität (Abb. 8). Hier begegnen sich Land und Wasser, Ruhendes und Fließendes, Irdisches und Himmlisches, eine neue Dimension des Bewußtseins schaffend.

Ich bin das Alpha und das Omega, der Anfang und das Ende. Wer durstig ist, den werde ich umsonst aus der Quelle trinken lassen, aus der das Wasser des Lebens strömt.

Offb. 21, 6

Und er zeigte mir
einen Strom,
das Wasser
des Lebens,
klar wie Kristall;
er geht vom Thron
Gottes aus.
Zwischen der
Straße der Stadt
und dem Strom,
hüben und drüben,
stehen Bäume des
Lebens.

Offb. 22, 1/2

Die Orte am Rhein wirken weit in die Stadt hinein und werden zu Anziehungspunkten für die Bewegung der Menschen (Abb. 9). Der Strom ruft - nicht zu Kaffee und Kuchen -, der Strom ruft zum Bewußtsein einer heiligen Stadt an den Wassern des Rheins, am ewigen Fluß der Zeiten, zum Bewußtsein einer Stadt der Begegnung vieler Völker im Lauf der Geschichte und der Anbetung der Gottheit unter vielen Namen.

Haben einst keltische Kultstätten, römische Tempel und Theater, mittelalterliche Klöster und Kirchen, barocke Paläste das Bild der Stadt geprägt, so mögen es in einer fernen Zukunft die Vielzahl heiliger Orte sein, die kundtun, daß Gott uns auf allen Wegen begleitet, Wandlung und Heilung vollzieht, und Mainz das Gepräge einer heiligen Stadt geben.

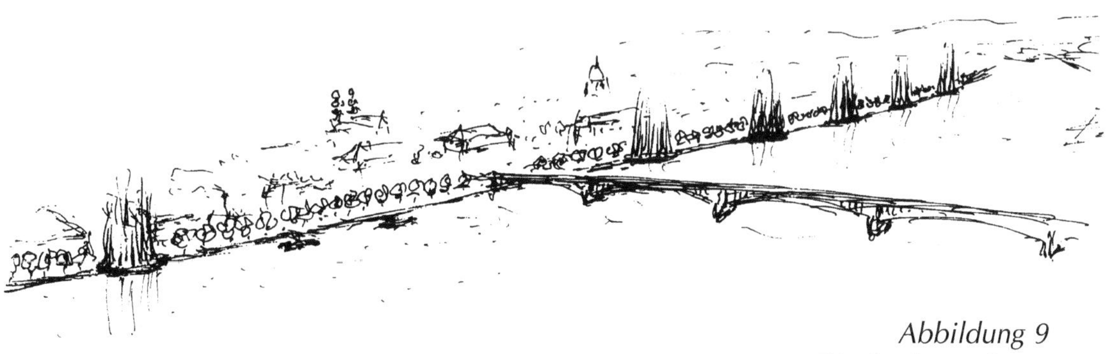

Abbildung 9
Die Stadt am Strom